MEMORIAL
DE
SUEÑOS

-POEMA-

Dr. José Guillermo Ros-Zanet

DEDICATORIA

A ti Milagros, a ti por siempre jamás.

Índice

"Los sueños, sueños son" pero son inmensamente más que sueños. Son lenguaje y poesía. Son ultra lenguaje. Y el lenguaje es el hombre en toda su infinita complejidad: Vida superior en el lenguaje y vida superior del lenguaje. Poesía y poesía de la poesía, Patria del ser. Y el ser es la esencia del lenguaje, y el lenguaje es la esencia del ser. Es camino, y es la verdad de la vida: Es el hombre en su infinita complejidad –conciencia.

El autor

1. LLEGAN SUEÑOS Y MEMORIAS

Y Madre ha muerto en estas altas horas,
con luz de buen silencio.

Y sólo treinta y tres años tenía,
y era madre muy tierna, y todavía.

¡Qué dolorosa cama de Hospital!

Y abuela nos despierta —madrugada—,
más dureza y abuela,
y más sabiduría.

Más amor y provincia, y nos dice:
(más madre, más abuela):

"Ya vuestra dulce madre está en el cielo"…
(Ternuras todavía…)

Memorias ancestrales
velaban las herencias y los sueños,
en la tierra, en el cielo,
en montes y volcanes,
en aguas y sabanas. Y son ríos.

Hoy las nubes se abrazan en el cielo,
y parece que lloran con silencios…

Y el duelo guarda edades.

Memorias, y son vidas todavía…

2. DE LAS MEMORIAS VENGO

Vengo a pensar por siempre mi Poesía,
su Custodia y su pan de cada día.

Vengo para la Fe,
la noche y madrugada,
para el agua y la **piedra**
de fondo de estos ríos…

A la provincia vengo,
a sus altas auroras.

A mi provincia voy…

De mi provincia vengo.

Regreso a mis moradas
donde aguarda mi infancia
y mi final aguarda…

A mi "Nada me falta"… Señor, gracias.

Y ya mi esposa está, y ya me aguarda.

Tiene la luz, y tiene
Amor, Sabiduría…

A mi nada me falta, Señor, gracias.

Mil gracias, Buen Señor,
altas gracias, Señor del Buen Camino.

Y andamos. Claridad…

Y son cima de todos mis sentidos.

¡Y qué no acabe el agua!,
y no acabe la luz,
ni mayores antiguos y reunidos…

Soy su sangre, sus robles,
canelos y macanos.

Memorias: son Historias y los sueños...

¡Qué no nos falte el agua!
y la Fe no nos falte…

Llegó grande el invierno,
por fin y por comienzo…

No acabará la piedra,
morirá la sequía;
y seguirán tus días,
más mamábuela. ¡Más!

Hoy las nubes se abrazan en el cielo,
y parece que lloran con silencios…

3. REVIVA "EL ALMA DORMIDA".

Hace abundantes años…

Y, sin embargo, sigo en la provincia,
al lado de mi infancia
y en el alma del alma de la casa…

Suena muy alto "el cacho de la planta":

Son las doce del día…

Y casi al mismo tiempo
suena la campanilla
del buen reloj de casa.

Nos llama mamábuela a la mesa,
de viandas hortelanas:
ofrendas del trabajo, de la tierra;
con hablas de familia…

Es el hogar por siempre. Patria mía…

Ya de morir y ser
el corazón se muere,
y mamita por siempre
vive, muere, y nos dura todavía…

4. LLENOS DE PATRIA

Llena de dulce Patria va la Vida.

Y van hondas ofrendas
de tierra firme y cielo,
y laboriosas manos,
son herencias de pueblos y de hombres
de allende el mar océano.

Y alcanzamos victorias soberanas
más allá de mil malos pensamientos,
piratas y traidores;
más allá y más aquí
de hombres sabios y amores estelares.

¡Oh! Patria tan pequeña, y soberana.

Ya muy lejos quedaron las infamias,
las balas, los fusiles,
las botas militares,
cabezas carniceras.

Llega el pan y la paz
a vidas y caminos…

Hay ventanas de luz,
y altas puertas abiertas
a Verdad de la Vida.

Y una Fe muy grande y hortelana
se vuelve el pan y el agua
brocal, y la cisterna,
en nuestra dulce mesa familiar.

5. HACE SIGLOS Y EDADES

Hace siglos y edades
que el hombre está naciendo…

En aquel árbol nace
un tiempo y este siglo también nace,
como un siglo dormido.

Mamá y abuela, cada mañana,
se aroman de vendimia y madrugada,
con frutales del tiempo,
del patio familiar tan hortelano.

Sube el agua bocal hasta la mesa.

Temprano el ruiseñor
se ha puesto a bendecir el alba, el cielo,
desde la humilde teja con rocío.

Es tiempo de vidas y de panes.

Celebración del nuevo día,
y de más hondas vidas,
por esos duros montes y sabanas.

Santificados sean todos los días,
los meses y los años;
de estos árboles y bosques
muy viejos y muy llenos
de altísimas memorias
y cielos familiares.

6. LA LUZ NOS LLAMA

La luz nos llama, y canta.

Y hay un amor naciendo en cada fuente,
en las dulces cinturas de las novias…

Es un abril del agua, y todo canta
para que el hombre viva
en libertad, y nombre
sus cielos y sus bosques,
sus hijos y su esposa:
como árbol frutecido viva y cante…

Y yo pienso en las hadas,
en las hadas del bosque y de los ríos.

Y son dulces y llevan
mil semillas aladas,
que parecen palabras de los bosques,
de las anchas sabanas y los ríos.

Creo que las hadas son los pensamientos,
los pensares lejanos y cercanos
de mayores antiguos, muy antiguos.

Y siempre; y todavía…

Yo mismo paso y paso; soy el río
de la vida que pasa.

7. AMO LOS BOSQUES

Amo los bosques puros,
sus trinos, sus silencios.

Amo los hondos ríos de la luz,
y amo a los que hablan en las noches,
a otros que en silencio
nos duran y prosiguen,
y se llenan de voces de otras voces
que duran en las piedras,
y son semillas del tiempo,
porque ellos darán frutos
y pequeñas aldeas
que nunca olvidarán cuando nacieron;
ni cuando perecieron…

Vivieron y crecieron
y murieron en valles aluviales. Renacieron…

Durarán los ancianos como ríos,
como bosques que duermen
y sueñan con alondras, con olvidos.

Nacen niños que llevan
estrellas en las manos…

Son semillas, memorias.

Y pueblos y ciudades, y familias
y otros pueblos… Ciudades…

Bendito sea el Señor… Siempre nos sea…

8. HOY EL MUNDO

Hoy el mundo no estaba en silencio.

Estaba ardiendo escandalosamente
en penas y pensares... Y ambiciones...

Y un niño sale al mundo
a contemplar la vida sin la muerte,
vestido con su fiesta y con su cielo.

Y todo nace, y todo vive y canta,
como por vez primera...

Entre los grandes ríos
y las hondas montañas
crecen altas las siembras.

Y el niño canta y vive
y sueña.

Y todavía es hora de la luz… Y su memoria.

También la tierra canta,
y las ventanas se abren a la Paz
de las criaturas y sus sueños,
a los Dones y siglos de estos cielos…

Las manos, laborosas, se nos llenan
de espigas y de frutos, de alegrías.

9. DEJAD AL DURO TIEMPO

Dejad al duro tiempo la espesura
de bosques o rebaños, y senderos
con huellas de pisadas de los hombres,
y no le falten pumas a la tierra,
ni le sobren volcanes,
ni inviernos, ni veranos
con anillos de "quemas" en el cielo,
y cigarras muy tenues y canoras,
que son aires muy puros.

Son flautas muy dulces todavía
en tierras del verano.

Son brisas con sonidos de la tierra,
y cielos de la casa.

Las cigarras son ánimas del agua.

Y son brisas del tiempo…

Son las seis de la tarde, claman ellas;
y hace siglos que duran las cigarras.

Renacen para el canto y las cosechas.

Son gnomos escondidos
en la tierra, en los troncos, que son tierra,
con años y silencios,
y en un árbol de alondras y de frondas…

Y tres lindas hermanas
reciben tres regalos…

Ya llevan prendedores (son cigarras),
en vestidos de fiesta.

Un gnomo de verano cada una…

Y luz del corazón. Y la sonrisa.

10. ABUELA FUE LA CASA

Abuela era la casa
y era la vida entera de la casa,
era mamita dulce que cuidaba
de seis nietos del cielo y de "portante"

(Ya faltaba mi madre,
y mi padre faltaba, más antiguo.
Y yo supe que estaban en el cielo)…

El silencio se llena
de voces con silencios.

Mil hojas desprendidas
terminan su morir al pie del árbol,
sobre la misma tierra…

No pierden esperanzas
de volver a ser árboles
de frutos abundantes, o maderas,
en esta misma tierra que fecundan
con materiales puros y con sueños.

Mamita en este tiempo fue la casa,
y memorias de vidas y de tierras.

Y sueños vegetales. Crecimientos…

11. LA MASVIDA, LA AVENTURA...

Bajo esta dura tierra
hay muertos sin consuelo. Muertos tristes.

Y sin misericordia.

Son árboles gigantes
de inviernos y heredades; gimen tristes,
y en las noches sollozan con silencios.

Y en ciertas casas hondas
conversan, y hasta llaman. Y hace frío...

Y en el aire ya "chifla" una bruja
(Pero es una lechuza)
en la noche embrujada...

Los muertos sólo piden más plegarias
y el signo de la cruz sobre la frente
del hondo caminante
que sabe de memorias y de llanto...

La noche tenebrosa
llega hasta el fondo oscuro de la muerte
para que tú comprendas
vida grande de grandes muertos tuyos,
y entiendas la **masvida** de la Vida;

y Verdad del Camino… Y hace frío…

12. AL FIN ME VIVO

Al fin me estoy viviendo
y siento que no muero hasta muy tarde.

Me vivo con mi infancia
y estoy en mi familia,
y para siempre la quiero;
y todo se consagra.

Y todo se hace mundo, llama, casa…

Son manos las que llaman
y juntan las criaturas,
son hermanos que llaman
como bosques con voces
de otros bosques más hondos, rumorosos.

Hay difuntos de luz y de caminos
que nos llevan al cielo de la infancia…

La provincia se llama madre, abuela,
y padre y llanto y casa,
y gloriosos hermanos.

Es la eterna fontana todavía.

Y bajan de sus cuerpos grandes hombres,
y suben hasta el alma de este mundo,
para el mundo y su luz.

13. SOMOS VOCES ANTIGUAS

Somos voces antiguas, escrituras
de ancianos que nos llaman,
y son nuestros abuelos
antiguos, y reunidos como bosques,
y viven todavía,
en un lugar del tiempo
que dura sin final,
y sin comienzo sigue…

Se llama Eternidad y tiene cielos.

Son hombres, son mujeres que llegaron
de mares muy lejanos

Llegaron con El Libro…

Algunos habitaron
castillos medievales, Monasterios.

Otros fueron Señores de la Guerra,
o alzaron catedrales
de cielos y plegarias de los mares.

Construyeron Santuarios, o ciudades.
en montañas de paz
sin guerras, sin contiendas.

Y fueron los señores de su tierra,
y ganaron batallas
en el mar, en las cumbres…

Y llegaron a casa
de allende el mar océano.

Y amorosos nos hablan cada día,
desde el tiempo glorioso
llamado Eternidad. Enormidad…

14. MÁS VIDA

Que Tu Misericordia,
Señor, me de la paz y la palabra,
los ríos de la memoria, las montañas,
los cielos de la infancia,
las memorias de madres y de padres,
y de duros abuelos,
y duros bisabuelos
que trajeron su tiempo, su escritura,
sus panes y sus peces,
sus leyendas y ríos
que dan vida del agua
a extendidas ciudades y países
de guerreros y santos,
en púlpitos de incendio (Tu Palabra)
y muy altas memorias, y lenguajes,
con cielos, con espadas
que llevan libertad a las almas.

Y se llenan de Historia
los hombres y los pueblos.

Más luz en la memoria, en la palabra,
en las cumbres y bosques,
las sabanas, los ríos…

Hoy todo se nos vuelve
más Historia y Lenguaje.

Más Habla, más herencias.

Más Lengua, más Lenguajes…

15. AMANECE ESTE MUNDO

Trajeron sus memorias de muy lejos:
y de muy grandes ríos
de cumbres y de nieves derramadas,
a nuestros hondos ríos
de lluvias despiadadas,
que descienden del cielo,
para llenar los mares, los océanos,
y todo se nos llena de la edad,
del Ser, del pensamiento,
de voces y escrituras.

Todo es tiempo del hombre y de la tierra,
del cielo y de la casa, en nuestra casa.

Y hay ángeles custodios
en las brisas del mundo y de la aldea.

Son cielo en estas tierras
de pumas y de ciervos,
del hombre y de la selva,
de azulejo y faisán
de cunas y cuidados y ternuras,
y canciones de cuna muy antiguas.

Y el sol sigue alumbrando
a todas las criaturas,
al agua y a la piedra,
a sabanas y selvas…

Y el dulce ruiseñor celebra el mundo...

Y quiere ruiseñor, y quiere nido.

Su canto es a la luz, y a la montaña.

Primera claridad de la mañana.

Es un comienzo, y llama…
A más luz, a fontana de la luz…

16. PASCALIANA

Este árbol de los tiempos, de la edad,
que admiro y es silencio,
no sabe que yo existo.

Y yo sí sé que existe
y sé que yo lo sé…

Sé que el árbol no sabe
que da frutos sabrosos.

Sé que Naturaleza
le vive sol, y lluvias en las brisas.

Si escucha los regaños de la abuela
(No sabe de regaños ni de frutos;
ni verdes ni maduros)
a nietos que cosechan mangos verdes
y tumban muchas hojas,
y quiebran ramas vivas
muy cargadas de mangos.

Muy tiernos todavía…

Tengan paciencia, niños,
y serán más gozosos
los venideros días y soles,
al mirarlos crecer y madurar
en sus dulces colores y sabores.

Son espera de vida y de esperanza.

Serán vida y más alma en vuestras Almas…

17. MUERTOS TRISTES

De pronto he comenzado a vivirme,

Señor, entre Tus siglos
vivos, en Tus dolores recios,
que borran para siempre los pecados
de los hombres soberbios
que olvidaron vivir en Ti, Señor,
en Tu Misericordia,

Tu luz y Tu Camino,
que es Camino y Verdad de Salvación…

En esta tierra hay muertos, solos, tristes,
que no verán Tu rostro, y nunca, nunca,
tendrán consuelo ni paz en el tormento.

Y serán para siempre almas muy tristes,
que olvidaron, Señor, Tus enseñanzas…

Por eso hay muertos solos en la tierra
con almas en tormenta para siempre.

Y llevan sed de Dios…

Y no podrán saciarla nunca, nunca.

Ven, recemos por ellos... Sentirán
más frescor, menos sed...

Almas sin fin penando,
tras los más altos fines,
que nunca alcanzarán... Eternamente.

18. PLEGARIAS

En noches muy oscuras
abandonan sus tumbas con olvidos,
muertos tristes, y se llena
de espantos la sabana extendida…

Son lamentos y plegarias.

Madrugada, temblor, escalofríos.

Y se oyen hondos rezos en latín…

Y son muertos muy solos,

Hay rechinar de dientes y tinieblas…

Se olvidaron de Dios,
y están arrepentidos
en su eterno tormento.

Sus lamentos son hondas
oraciones, plegarias en latín
por el hombre que vive todavía.

Estos muertos le piden a los cielos
que el hombre, en este mundo todavía,
no se olvide de Dios,
que es Camino de Eterna Salvación.

19. RELATIVIDAD DEL TIEMPO

Y esos meses que duran
sólo días muy cortos.

Y esos extensos juegos nuestros, vuestros,
son tigres muy hambrientos
y devoran el tiempo
de los tres pobres meses
de alegres vacaciones escolares.

¡Veloz juego el del tiempo!

… Y otras veces, tan lento…

"Cosas veredes, Sancho",
nos dijo don Quijote
(el de la noble Mancha), eternamente…

Y al fondo del hogar dura el jardín.

Y el alto jardinero le pedía
al Amor de la joven
el menudo rosal de su sonrisa.

Y más, y todavía…

Sobre unas tristes tumbas dura el cielo…

Nos dure el tiempo, y luz del mismo cielo.

Y nos duren los ríos,
los anzuelos y los peces,
los árboles, los bosques
los mangos, las ciruelas,
todos los frutos, todos,
y las escuelas tengan
maestros como ríos…

Señor, dales más luz,
y oídos de luz; y honda luz
a nosotros, Señor…

20. MADRE. MUNDO

Tú Madre para siempre,
nos llamas, nos abrazas
desde estos altos tiempos
del cielo y de la lluvia,
de amores, pensamientos,
herencias, escrituras y lenguajes…

Nos duras como el tiempo y su escritura
reunidos en hogueras,
para siempre encendidas
por montes y praderas,
por valles y montañas como lunas.

Tú, madre, nos abrazas y nos quieres.

Nos duras como tierras, como ríos,
llevas frutos, y soles y vendimias…

Son nuestros para siempre
tu amor y tus caricias.

Tú llegas y perduras, madre buena,
y estás eternamente en nuestra casa.

Y nos duran también tus alegrías,
tu amor y tus cuidados…

Sé para siempre madre, nuestra y buena.

Más madre, y siempre más…
como una rosa eterna
en el hondo jardín de nuestra casa.

Más allá de los siglos y los siglos…

21. Y ES UN RÍO

Nada se lleva el alba.

Porque ella se lo lleva todo, y nada.

Y es un inmenso río
lo que nos deja el cielo.

Es la fuente que mana
el agua de la vida…

Es muy pura y nos dura
por siempre, para siempre
sobre la buena tierra
de los ancianos sabios,
abuelos, bisabuelos,
que son frutos maduros
de bien y de memorias.

Son herencias de vidas muy antiguas.

Y son hablas lejanas y cercanas.

Estoy en mí conmigo mismo,
y estoy en Ti conmigo,
Señor, y en Ti camino…

El agua de Tu fuente no se seca,
Señor del Buen Camino.

Y ven con Tus Caminos a mi casa.

22. A LA HUMILDE YERBA

A la humilde y suave yerba de sabana
bajaron a pastar,
desde altas montañas, nobles bestias.

Bajó también el hombre,
erguido y levantado,
de manos laborantes…

Y fue la casa; fue…

Fue habitación, familia,
y la llama encendida… El hogar,
la oración, y la luz
de la oración sagrada.

Y hubo huertos, vendimias y altas eras…

Y todo se hizo campo,
trabajo (humilde o grande),
terruño, Identidad… Patria del cielo.

Y así dura la Vida, la alegría…

La Vida y su Custodia, para siempre.

Que acabe el abandono, Madre mía,
de este tiempo de un mundo poco cielo…

¡Señor, llena tu cielo
con luz del buen rebaño!

Y luz del Buen Camino.

23. LECTURAS ENCARNADAS

Lecturas encarnadas,
separaciones, voces y escrituras…

Madre del mundo y sola.

Gloriosa madre y cielo y todavía.

Y "La infancia es la Patria
del hombre" dijo Rilke.

La gran sabiduría
de edades y de siglos, encendidos
de soles y de lunas…

Hoy todo cambia, todo;
y permanece y sigue.

Que el Buen Samaritano
en mi siga por siempre,
y acabe el abandono
del medio-muerto a golpes
ni los hambrientos lobos de manada.

El prójimo nos dure a todos siempre.

Y que la humilde yerba
verde, nos dure para siempre;
y, en la mesa del hombre,
el agua, el pan del alto y hondo cielo.

Que el prójimo (el próximo)
nos dure para siempre, Madre mía.

24. ABRAN LAS PUERTAS

La noche toca a puertas; y no abren.

Y no abren las ventanas…

Hoy nadie está en la casa, tal parece.

Ya solo el cielo se abre
para la paz y el pan de la plegaria.

Ha, Dios que las abran al hondo peregrino,
en vida tan cerrada.

Y madre no ha dormido
y ya es de madrugada.

Por fin el hijo enfermo sana y duerme
en su mecida y dulce cuna y cielo.

Es hora en que amanece, y cae la lluvia
sobre todos los hombres y las tierras
porque es octubre y llueve.

Hoy hemos compartido
la luz; la madrugada pobre y buena.

Hay un silbo en la luz…

Y la esperanza crece junto a un niño.

La dulce madre sueña
con coros infantiles…

25. OSCUROS ANIMALES

Oscuros animales
suben hasta el olvido,
hasta la desmemoria…

Simiente de la Gracia…

Azul agua dormida entre la Vida…

Palabra, lluvia, llanto…

Piedad, misericordia,
Señor, Piedad, Piedad,
y el pan de Tu palabra…

Y buscamos las muertes, las heridas,
olvidos, desmemorias.

Tan mal andan las cosas
en este basto mundo…

Y buscamos Tu muerte tan herida;
y en repetir Tu muerte
nos volvemos legión y legionarios…

Olvidemos por siempre, para siempre,
el odio y la codicia,
para encontrar concordia
en los pueblos y casas; en las vidas…

Que ya comienza el mundo bueno,
(y por siempre comienza)
de Amor y de Esperanza.

Camino y caminante…

Por siempre, para siempre…

26. EN EL CENTRO DE LA MISA

En el centro más alto de la misa
el coro de los niños es un centro…

Bendita sea, madre, tu dulzura
de manos extendidas y abrazantes…

Y tus cantos de cuna siguen, viven.

Y duran como edades. Son herencias, memorias…

Y el hondo pan del cielo
nos llega hasta la mesa,
junto al agua brocal… Y el aguadulce.

Familias como un centro;
y es agua de mi infancia;
y todos mis hermanos llevan sueños.

Aquí en la dura tierra, y en el cielo…

Hoy el agua es más agua, y es más dulce,
es luz de la panela,
en cielos de mi casa (No en el mundo),
por siempre, para siempre
jamás… La dulce tierra.

Mi tierra, mis raíces,
mis lluvias y mis ríos, y estos mares…

Agua de bautizar entre sedientos
de la más alta luz (Y la semilla)
de historias y de sueños… Y de infancia.

27. EN GRECIA NACIÓ EL HOMBRE

En Grecia yo "nací",
"nací" a la Conciencia,
"nací" al Entendimiento;
a un buen conocimiento yo nací.
(No cabe duda alguna)

Salir de la caverna,
salir a la luz del mundo…

Todo bien le nacía
a mi Alma y a mi mundo,

Hoy todo se vuelve Habla,
se vuelve más Poesía.

Y todo se hace canto… Todo llama
a sendas interiores (Al Lenguaje)

Y son hondas historias
de más vidas y sendas de la Vida
y más Vidas de estos sueños.

Más sueños de mi vida.

Misterio, Claridad, y más Poesía,
desde mis hondos sueños
de sueños de la Vida…

Un recuerdo de Dios
que llora por nosotros…

Saber, Filosofía, Matemática,

Amor, Sabiduría…

El saber de la Física
y más, y más saber.

Más luz, Señor, más luz
de la Memoria, y más…

28. DURAR, DURAR.

El deseo: durar. Durar por siempre
el alto personaje… No el creador
de obra tan subida…

Y duran los silencios como tumbas
de tristes cementerios
poblados por la yerba, y el olvido.

Y la maleza dura…

Y dura la Persona.

Hoy lo que ha muerto en Vida y en olvido
es la Vulgata en latín, y pesa tanto
en antiguas memorias de los hombres.

Es el libro de dioses y pastores.

Es luz, la luz, la luz; sabiduría.

Es Vulgata en latín,
y levantada en vida,
y en luz de las edades y los siglos.

Es Biblia muy antigua,
ya por siempre jamás…

29. LOS VENADOS DE LUZ

Los venados de luz
de estos bosques poblados de senderos
y de lentos rebaños…

Son criaturas del cielo y de esta tierra.

Ya mi Alma es más Alma
en estas hondas horas del invierno,
y la semilla crece
para llenar de vidas y de soles
un mundo, tal parece, sin Amor,
y con duras memorias de la tumba.

No nos dure la muerte tan temprano.

Y nos dure por siempre
el encendido asombro de los niños
y la dulce caricia de las madres.

Los ángeles custodios… La Memoria,

Lenguajes y escrituras.

*"Hace siglos y edades
que el hombre está naciendo…"*

30. SON HOMBRES FUNDADORES

Son hombres fundadores de ciudades,
y libros de la Ley, y de la Historia,
de cultivo de mieles ancestrales,
de arados primitivos y vendimias,
del vino de las eras… De la casa.

Para sí mismo el hombre nace y vive,
y para el mundo nace,
y deja herencias y ciudades,
como lluvia bendita sobre el huerto.

Y es dulce la plegaria de familia,
y nos duran abuelos y memorias.

Los ángeles custodios
cuidan niños del bosque y de los ríos,
de los niños sin padres, sin abuelos.

Y son niños del cielo…

Que Dios también los cuida…

Toda la tierra llama…

La iglesia entera llama por caminos de luz,
y tierra y cielo llaman, oran, cantan.

Y seguirá la tórtola cantando,
por siempre, para siempre.

Otra tórtola es…

Pero será la misma.
y ya yo no estaré…
(Porque yo mismo sigo; seguiré.
Soy pasado, presente, porvenir,
de Especie, de Familia, de Poesía…)

Y seré siempre el mismo, y seré otro.

Y yo ya no estaré…

Y seguirá la tórtola cantando.

Y ya yo no estaré…

SOBRE EL AUTOR

Entrevista de Liseth Lezcano

Cuando en la literatura panameña se indague sobre los poetas y escritores más profundos y espirituales, el nombre de Don José Guillermo Ros-Zanet destacará sobre cualquier otro.

La fuerza y fineza de su pluma igual golpea contra la injusticia, que ausculta con delicadeza las intimidades del Ser en la búsqueda del conocimiento sobre su esencia.

Hombre sencillo, amable, recto, con profunda vocación ética, científica y espiritual, ha hecho de estos valores morales el norte de su vida como médico, poeta, escritor, profesor e investigador.

Para conocer al Dr. Ros-Zanet hay que reflexionar, por un lado, y echar una mirada histórica por el otro, sobre lo que ha significado y sigue siendo su familia. Su familia era grande, una gran familia, conformada por los padres, abuelos, tíos y seis hermanos, siendo él, el mayor de los varones, había tres hermanos menores.

Sólo tenía 10 años cuando el hado lo privó de la presencia física de sus padres. Junto a él, cinco niños quedaron huérfanos bajo el amparo de su abuela, "inmensa abuela: mamita", como la llama Ros-Zanet Vivían en una casa grande, a la entrada del pueblo grande: eso era David, un pueblo grande.

De sus padres, la familia heredó algunos bienes materiales, pero, más importante fueron los elevados valores éticos y espirituales con que los formaron y que representan el más valioso legado que recibieron.

Sus raíces familiares están vinculadas, por ambas ramas, con la construcción del Canal. Su abuelo francés, de apellido Zanet, vino con el grupo que trabajó en el Canal Francés. Era ingeniero-arquitecto. Luego del fracaso del Canal Francés se trasladó a vivir a Chiriquí. Se casó con su abuela y de esa unión nació su madre Clara Zanet. Su abuelo paterno, de origen catalán, viajó a Cuba donde se estableció y formó una familia.

Su padre nació en Cuba, quien llegó a Panamá en el grupo del Dr. Finlay, que trabajó en la erradicación de la malaria y la fiebre amarilla, con los norteamericanos que vinieron para la construcción del Canal. Su madre tuvo una excelente formación profesional y humanista, además era una gran lectora.

Eso influyó mucho en él y en sus hermanos. Ros-Zanet tuvo su primera biblioteca a los siete años.

Hizo su primer año de secundaria en Chiriquí, en el Instituto Félix Olivares donde fundó la primera Asociación de Estudiantes, de la que fue su primer secretario y presidente. Posteriormente viajó a Panamá para continuar sus estudios.

CAMINO POÉTICO: En 1950, había en el Instituto Nacional Movimientos que se hacían sentir en las luchas estudiantiles y en búsqueda de lo que él llama: la identidad. En esos tiempos en el Instituto había una revista **"Juvenilia"** que abrió un concurso de poesía y cuento para estudiantes del colegio. Como él ya tenía una obra poética, escogió tres de sus poemas y un cuento y los envío al concurso para probar suerte. Para sorpresa suya los tres poemas que envío ganaron los tres primeros lugares en poesía y su cuento quedó de segundo en esa categoría.

Eso animó a sus amigos para proponerle que enviara uno de sus libros al concurso Ricardo Miró, él se asustó, pero nada perdía. Envío el libro **Poemas Fundamentales**, con un subtítulo **"Origen y Signo",** por considerarlo como el origen y signo de su poesía.

En él captaba muchos detalles de su primera obra, un libro inocente y elemental que denominó "**Raíz del paisaje**", que contiene cantos a la lluvia, al verano, al indio. Para regocijo suyo, el libro ganó el Premio Máximo de ese año.

En la década del 50 obtuvo tres primeros premios Miró en Poesía: **Poemas Fundamentales, -Origen y Signo- en 1951.** Con su libro **Ceremonial del Recuerdo en 1954** y en 1959 con **Sin el Color del Cielo**. Veinticinco años más tarde envía a concurso otro libro **Un no Rompido Sueño**, que es un verso de un poema de Fray Luis De León. Un canto a la vida campesina y a la tranquilidad. Esa vida superior, que es lo que Fray Luis De León llama, Un no Rompido sueño.

Para Ros-Zanet, su no Rompido Sueño es su familia, su amor profundo por la palabra y el mundo, la búsqueda de un mundo mejor, que siempre se expresa a través de sus libros de poesía y explícitamente a través de sus ensayos. Un no Rompido sueño profundiza lo que ya se ha venido manifestando en **Sin el Color del Cielo, Poemas fundamentales**, y en **Ceremonial del Recuerdo**. Su obra poética se puede leer y se debe leer como lo que es una saga familiar de abuelos, padres, tíos, hermanos, hijos, nietos...

Es también una saga de la palabra, del lenguaje.

CENTRO Y ESPÍRITU DE SUS OBRAS:

Hay temas que siempre gravitan en la poesía y la prosa de Ros-Zanet. La muerte desmedida, como la llama en algunos de sus poemas, inspira mucho su expresión poética, evoca ese sentimiento de soledad que sintió cuando la casa familiar se fue quedando sola. Años después, al conocer a su esposa Milagros, inicia lo que el denomina en sus libros: la casa que comienza, la casa familiar que queda.

Ros-Zanet es un escritor y poeta prolífico y diverso. En sus ensayos, género literario que también trabaja desde muy joven, sostiene que los hombres y los pueblos no pueden ignorar el pasado: las herencias, su tradición. El pueblo que olvida eso, lo mismo que el hombre olvida su infancia, olvida muchas cosas fundamentales. "Hoy, el hombre vive como en un vacío, siente que le falta algo, pero, lastimosamente, no busca lo que le falta porque desconoce lo que ha perdido. Hoy está volcado a la exterioridad, para él sólo tiene vigencia lo exterior, los bienes, la cosa material. En la interioridad están los valores, la ética, lo sagrado, lo que Ros-Zanet llama la gran Teodicea de los pueblos. Allí está el alma de los pueblos, el alma infinita. Que el hombre de hoy ha perdido en gran parte.

Por eso se puede decir que hoy el hombre es un desalmado, un hombre sin alma. La visión que tiene hacia sus semejantes no es la de un ser superior en el sentido del alma, sino que se ha convertido en la cosificación de la vida y la cosificación del hombre. El hombre y la vida convertidos en cosas.

ADOLESCENCIA CREATIVA: Hoy, Ros-Zanet, con más de medio siglo de creación literaria, vive una especia de adolescencia creativa, como la que vivió en la década del 50.

ENSAYOS: Toda su vida ha estado en comunión con la palabra, incluso, cuando se graduó y empezó a laborar como médico, escribió sobre cosas que para él eran fundamentales.

En 1965, hace 41 años, él fue el primero en tener una visión integral sobre el problema de los niños desnutridos, como producto del desequilibrio familiar, en cuanto a los aspectos económico, social y cultural. Esta investigación, convertida en el ensayo, **"Sobre el Fenómeno de la Desnutrición en el Niño"**, obtiene, en el año de 1969, el Primer Premio del Ricardo Miró en esta sección.

En los archivos médicos de la Asociación Médica Nacional, hay una publicación que hizo historia en ese año.

Se publicó su primer trabajo sobre **La Desnutrición como producto de los desequilibrios económicos, social y cultural de las familias.**

Como profesor e investigador en la Universidad de Panamá, trató de alumbrar la verdadera realidad panameña. Allí trabajó durante 11 años, hasta que la Ley Faundes le impidió seguir realizando su labor. Pero, igualmente dejó una gran cantidad de ensayos en las revistas, Scientia y Societas, ésta última, de la que fue fundador, recoge las investigaciones venidas "del espíritu".

Durante todo este tiempo ha participado con una universidad amiga, la Universidad Tecnológica de Panamá, dentro de esa unidad que debe existir en la educación superior. Ha escrito ensayos breves en la Revista "El Tecnológico".

La Academia Panameña de la Lengua y el Instituto de Estudios Nacionales de la Universidad de Panamá (IDEN), le han publicado sus más recientes obras. **"Para una definición de la Poesía"**, publicación auspiciada por la Academia, comprende tres ensayos que buscan desentrañar las "esencias" de la Poesía y, otro ensayo, **"Hacia una Medicina con Alma"**, publicado por el IDEN, está destinado a convertirse en un clásico, un "libro de cabecera" para todos los estudiantes de Medicina.

Hace varios años, tres grandes personas: José Isaac Fábrega, Don Ricardo J. Bermúdez y Don Ismael García S. postularon a Ros-Zanet como miembro de la Academia Panameña de la Lengua, la cual exige que cuando fallece uno de sus miembros, se abra la vacante y solicita a sus miembros que postulen. El día de la reunión, presentaron su candidatura. Se encontraban presentes los académicos numerarios y todos votaron a su favor.

La responsabilidad primaria de la Academia es cumplir con la búsqueda permanente de la unidad del idioma. Aunque muchos no estén de acuerdo con él, Ros-Zanet sostiene que el idioma es un ser vivo porque nace, crece, muere y, además, resucita. La Academia, por ejemplo, saca del diccionario, las palabras que caen en desuso. Estas no son eliminadas, sino que pasan a invernar. Están dormidas y un buen día regresan. El idioma lo hacen las personas comunes y corrientes.

Hay algunos que conocen profundamente el idioma, idiomático, semántico, y dan pautas para que no haya un caos, sino que se busque siempre la unidad en ese torrente de voces que no se usa a veces, sino que se "abusa".

"Los panameños adoptan términos y emplean mal las palabras al momento de expresarlas.

El argot es un empobrecimiento y una deformación del lenguaje, es absurdo.

Los jóvenes van teniendo cada vez menos palabras para expresarse.

Vemos en la televisión a algunos que se expresan 'inexpresivamente' y, esa ausencia de conocimiento del lenguaje, de amarlo, de tratar de conocerlo mejor, llega al momento en que se suplanta por palabras extrañas", puntualiza Ros-Zanet.

. Acostumbra decir que con el hombre apareció el lugar sagrado, el único lugar capaz de albergar dos cosas eternas y fundamentales. Con el hombre nace el lugar sagrado, el único que puede albergar al lenguaje y al espíritu, el lenguaje y el Alma. Hoy el hombre trata de cerrar esa comunión con su interioridad, con la interioridad del Ser, para volcarse a las exterioridades.

Hemos llegado al absurdo mayor y es que el hombre se está volcando a la exterioridad. Esto, al igual que la disgregación de la familia, son el bacilo que ha enfermado, "infectado", a la sociedad. Hay que llevar a la conciencia del hombre la necesidad de volver a lo espiritual.

Ros-Zanet disfruta, junto a su esposa Milagros, el renacimiento de su fuerza creativa y que, como señala, continuará perpetuando en "Palabra" hasta que el Creador lo permita.

Ojalá sea por mucho tiempo.